BEAUX-ARTS.

COUP-D'OEIL

SUR L'EXPOSITION DE SCULPTURE.

Il y a eu depuis deux mois tant de paroles sur le salon, et il y avait vraiment si peu de chose à en dire, que notre silence au milieu du bruit des feuilletons et des brochures aura sans doute été peu remarqué de nos lecteurs, et surtout, nous l'espérons, peu regretté. Les causes de la décadence de la plupart des productions de l'art ne sont point cachées dans quelque défaut du pinceau qui leur a donné naissance; pour ramener l'école dans une voie plus prospère, ce n'est donc point aux artistes eux-mêmes qu'il faut d'abord s'attacher : l'eau coule toujours où la conduit la pente du sol sur lequel elle repose. Que de conseils et de discours dépensés en pure perte pour enseigner le rivage à de pauvres artistes qui, au milieu du bourbier de malheur où plus d'un s'est noyé, se cramponnent où ils peuvent ! « Hé ! mon ami, pourraient-ils dire comme cet enfant, tire-nous de danger; tu feras après ta harangue. » En effet, malgré l'ampleur et les défauts du salon, l'espace laissé aux paroles utiles est fort étroit; il y a des limites que les sages leçons ne doivent pas franchir. Promenez-vous, critiques habiles, votre catalogue à la main, le long de ces vastes galeries toutes garnies de marbres et de peintures, et laissez-nous entendre les spirituelles causeries qui tomberont de votre plume. Nous prendrons plaisir à vous suivre, et nous écouterons volontiers les corrections et les remontrances que vous distribuez savamment à chacun sur son dessin ou sur son coloris; jugez et remontrez comme le maître lorsqu'il parcourt le cercle de ses élèves : mais songez que l'atelier est votre enceinte et le technique votre seul domaine. Le concours est ouvert, mais ce ne sont point les concurrens qui en ont établi le sujet, et leur indépendance ne va pas au-delà des modifications qu'il est permis d'imposer à la forme. Si l'art est immortel et libre, les artistes ne le sont pas. Il faut choisir : se courber forcément sous les exigences du protecteur qui nourrit, ou s'anéantir dans une silencieuse misère. Hélas! en aucun temps, les opulens régisseurs des beaux-arts n'ont fait peser sur le génie un patronage plus prosaïque et plus lourd! Commentateurs, ne blâmez point Horace là où Mécène a commandé, et rappelez-vous que dans les demeures princières de nos bourgeois, les artistes n'obtiennent les faveurs de l'hospitalité qu'en se laissant tailler, comme chez Procuste, à l'échelle du logis.

Pour se rendre sérieusement raison de la médiocrité que nous présente la grande masse de l'exposition, ce n'est donc point le salon du Louvre lui-même qu'il faudrait considérer, mais bien plutôt les salons particuliers à la décoration desquels sont destinées les marchandises de ce vaste bazar. Ce serait évidemment là que l'on frapperait sur la question capitale; et prise, dans son ensemble, cette question dominerait non seulement l'art, mais la science, mais la loi, mais la société politique tout entière. Nous ne la soulèverons donc point en ce moment : l'occasion de quelques tableaux serait trop secondaire, et l'origine du discours se perdrait bientôt dans la grandeur de son développement. De tout ce qu'il est possible d'imaginer et de dire au sujet du salon, nous choisirons de préférence tout ce qu'il y a de plus concis et de plus simple; et nous chercherons seulement à constater autant que possible les divers caractères et les diverses tendances qui se manifestent actuellement dans les travaux des artistes; entreprise difficile sans doute, mais que nous aurons soin de réduire en limitant le choix de nos exemples au cadre le plus modeste et le plus modéré. Ce sera, si l'on veut, un abrégé de procès-verbal, un essai de catalogue philosophique, un peu plus sous un rapport que le livret officiel, un peu moins sous certains autres. En traçant cette description désintéressée, notre but unique sera de montrer, non pas ce qui aurait dû être, mais ce qui est. Rapelons-nous le précepte du temple d'Apollon, et cherchons à connaître ce que nous sommes avant d'aller consulter les oracles pour connaître ce que nous serons demain.

Le but que nous nous proposons dans cet article étant ainsi bien établi, et l'intention qui nous guide étant, comme on le voit, bien plus voisine de la philosophie que de l'esthétique, nous avons pensé que, sans nous lancer dans l'océan des peintures, il nous suffirait de demeurer dans le cercle beaucoup plus étroit et plus significatif des seuls ouvrages de la statuaire. La statuaire, en effet, se trouve placée dans des conditions qui lui sont toutes particulières, et qui, pour notre dessein, deviennent toutes favorables. D'abord, ne s'exerçant point, comme la peinture, à l'aide des jeux si séduisans et souvent si trompeurs de la lumière colorée, ses productions acquièrent nécessairement un caractère plus grave, et je dirais presque plus sincère. L'artiste, n'ayant pour rendre son idée que la simple variation qu'éprouve le jour en frappant sur les courbures inégales du marbre, est obligé de la définir et de la méditer bien davantage; c'est une pensée véritable qu'il doit produire, là où ses rivaux se contentent trop souvent de produire un effet. La nature même du travail a dû contribuer en outre à rendre les sculpteurs beaucoup plus scrupuleux sur la détermination de leurs projets que les peintres, auxquels l'exécution offre bien moins de longueurs et d'aridité; le ciseau, aux prises avec la pierre, ne se joue point dans ses mouvemens avec l'aisance du pinceau, qui opère sur la toile ses brillantes métamorphoses. Enfin, je dirais volontiers que la statuaire est un langage plus laconique que la peinture, et que par son essence même elle renferme, lorsqu'elle le veut, bien plus de choses sous bien moins de figures; agissant sur des solides et non sur des surfaces, souveraine des trois dimensions de l'espace, elle amasse à son gré sur une seule image plus de faces et de profils que n'en pourrait offrir un tableau dans un nombreux cortège. On comparerait sa manière à celle d'un style qui déroule chaque idée dans l'unité d'une seule phrase, ample, harmonieuse, marquée de larges retours et de solides périodes unies à leur centre comme les membres d'un corps; tandis que la peinture plus prolixe semble s'étaler au contraire en un discours chargé d'élémens plus multiples, composé comme une chaîne brillante de phrases plus vives, plus courtes, plus frappantes, mais moins entières et moins profondes. C'est donc sous ce rapport surtout que nous devrons paraître bien excusables d'avoir choisi la statuaire pour sujet unique de cet article: désirant atteindre la concision la plus grande, il nous était assurément naturel de nous adresser de préférence à la langue la plus concise. D'ailleurs, une dernière raison, et qui n'est pas non plus sans importance, nous entraînait encore vers cette section particulière de l'exposition des beaux-arts; cette raison, c'est que les productions de la statuaire n'étant pas aussi facilement susceptibles que celles de la peinture de descendre au niveau du goût le moins délicat et le moins exercé, et de se prêter aux fantaisies mesquines et dépravées, restent en général bien plus librement abandonnées à la propre spontanéité des artistes: les personnes qui en font l'acquisition, appartenant le plus souvent à la partie supérieure de l'aristocratie, sont plus jalouses de posséder une œuvre parée du suffrage des artistes et des gens éclairés, que de posséder un objet uniquement entouré des éloges de quelques familiers obscurs. Cet avantage s'accorde en même temps d'une manière fort heureuse avec le peu de prétention que ces personnes montrent communément à vouloir juger et régenter ce qui se rapporte aux arts plastiques; ce chapitre privilégié est un de ceux au sujet desquels elles se démettent le plus franchement et le plus volontiers de leur droit de commander et de comprendre. Il arrive donc que la sculpture, affranchie, au moins en partie, du joug béotien, demeure, bien plus que la peinture, dans le domaine naturel du génie, et donne une manifestation plus assurée des sentimens réellement issus de l'âme des artistes.

Nous allons donc maintenant, en promenant sur l'exposition de sculpture un regard impartial et rapide, chercher à faire sortir de son ensemble les diverses tendances qui s'y rencontrent. Nous montrerons les choses telles qu'elles sont, sans reproche comme sans découragement, toujours plus désireux, en ce temps de dénuement et d'épreuve, de chercher le bien que de trouver le mal, et toujours disposés à prendre quelque consolation du présent, lorsqu'au milieu du champ des beaux-arts, si tristement tondu par la faux des fermiers, nous voyons quelques jets vigoureux, signes d'avenir, monter hardiment au-dessus du niveau de la règle commune. Nous avons l'intention de nous tenir bien en garde contre toute classification systématique et arbitraire; mais nous ne pouvons cependant nous empêcher de signaler ici trois grandes divisions qui semblent si naturelles qu'elles s'impriment dans l'esprit dès la première vue du salon. Parmi les artistes, les uns, et ce sont ceux qui appartiennent véritablement à notre temps, favorisés par la capacité précoce de leur génie, ont déjà senti l'influence fécondante des premières chaleurs que la philosophie moderne commence à faire rayonner autour d'elle. Comprenant que la forme n'a de valeur qu'autant qu'elle est la manifestation d'une idée, et ambitionnant pour leurs œuvres une gloire plus haute que celle d'une stérile beauté, ils ont voulu étendre l'art plus loin que le domaine des sens, et, tout en passant par l'imagination, se porter par le canal des regards jusqu'aux intelligences. Les grands maîtres de l'antiquité avaient su se pénétrer assez profondément de l'essence de la philosophie mythologique pour en dévoiler les mystères aux yeux du peuple sous la forme des statues religieuses; les conceptions nouvelles sur la destinée de l'homme et de l'humanité n'arriveront-elles point à prendre une netteté suffisante pour être traduites sur le marbre aussi bien que les doctrines théogoniques d'Hésiode et d'Homère? C'est là la question fondamentale pour l'avenir de la statuaire; c'est celle que ces artistes ont commencé d'entreprendre. Les autres, plus frappés par le charme des types naturels de la beauté physique que par la valeur plus abstraite de la pensée, se sont voués uniquement à la reproduction de la forme des corps. On retrouve chez eux l'inspiration de l'esprit décorateur, la continuation languissante de cette période de l'art, qui, à la suite de l'école religieuse qui avait peuplé les temples de la Grèce de divinités imposantes, peupla à son tour de figures élégantes et gracieusement ciselées les fastueuses demeures des patriciens de Rome. Mais toutes ces statues des dieux déchus et privés d'adorateurs, tous ces Apollons et tous ces Faunes des portiques de Baïes ou de Stabies, tous ces anges auréolés des chapelles du moyen âge, ne sont plus pour nous que des cadavres enlevés à la paix funéraire de l'histoire; et l'art moderne qui s'essaie à nous les répéter ne fait que monnayer, pour les galeries de nos seigneurs, une contrefaçon des médailles antiques. Que faites-vous dans la cendre du passé, artistes, lorsque nous courons tous à l'avenir? Si vous voulez nous entretenir des âges qui ne sont plus, parlez-nous de ces âges tels qu'ils s'offrent à nous de ce point du temps que nous avons atteint, et du sommet duquel nous dominons leur horizon. Ce n'est point à vous de nous les montrer tels qu'ils apparurent à ceux qu'ils ont enveloppés; il vous faudrait pour le faire avoir vécu parmi ces peuples dont la foule est aujourd'hui dans le silence, avoir senti leur haleine, vous être inspiré de leurs regards et du son de leur voix. C'est dans l'œuvre spontanée de leurs propres artistes, et non pas dans vos copies, que nous irons creuser pour savoir ce qu'ils furent. Le Musée présente enfin une dernière classe d'objets sortant d'un art qui, aussi peu soucieux de l'avenir que du passé, et refusant de se départir en rien de l'esprit commun de notre époque, pousse directement ses racines au sein même de nos maisons, et puise en quelque sorte toute son inspiration dans la fumée domestique. On comprend que je veux parler de la longue et confuse collection des médaillons et des bustes. Cette partie de l'exposition, malgré sa bizarrerie souvent grotesque et son apparente nullité, n'est cependant point dépourvue de tout intérêt philosophique. La physionomie de notre siècle, avec l'innombrable variété de ses expressions individuelles qui se heurtent et s'entrecroisent, comme si de la diversité des opinions, qui a remplacé la monotone régularité du moyen âge, il était subitement résulté des empreintes diverses sur les visages, et comme si le trouble des révolutions avait jeté dans la génération d'un même peuple des germes singuliers de races nouvelles; la physionomie de notre siècle est une des plus curieuses pages qui puisse frapper les yeux de celui qui veut s'instruire en feuilletant les portraits des diverses époques. Il en est de la sculpture imitative comme de la peinture, qui peut nous résumer en un seul cadre la miniature de tout un peuple.

Nous commencerons l'examen que nous nous sommes proposé, en indiquant quelques uns des traits principaux de la statue d'Ulysse exposée par M. Bra.

Le moment choisi par l'artiste est celui pendant lequel le poète grec nous représente Ulysse tristement captif dans l'île de Calypso, « passant ses jours, assis sur le rivage, les regards attachés sur la mer indomptée, et ne songeant qu'à voir la fumée qui s'élève des toits d'Ithaque, quand il devrait mourir après l'avoir vue. » Le spectateur n'a pas à chercher long-temps quel est le nom de ce héros assis dans une attitude grave et pleine de majesté sur la saillie d'un rocher à demi battu par le dernier mouvement du flot; dès le premier regard, chacun a reconnu le prince d'Ithaque retenu par l'Océan loin du foyer de son palais. Mais l'étude de l'artiste ne s'est point arrêtée à ce qu'un premier regard peut

dévoiler de la nature de son sujet. Il a pris son inspiration principale dans ces beaux vers que le héros adresse à Calypso : « Je
» ne soupire qu'après l'heureux jour qui doit me rendre à mes
» foyers ; si un dieu me poursuit encore, je subirai le poids de
» sa colère ; j'ai une âme endurcie au malheur ; j'ai tant souffert
» sur terre, tant souffert sur mer et dans les combats ; viennent
» d'autres malheurs encore, je les attends et m'y soumets. »
M. Bra a été mu par l'ambition de résumer dans sa statue tout
le grand type d'Ulysse, d'Ulysse ce magnifique symbole du
plus magnifique poème de la Grèce. Les vers que nous venons de citer ne formant en quelque sorte que son point
de départ et sa première ébauche, il a cherché à rassembler autant que possible dans son œuvre, comme en un
seul vase, toute cette essence de la sagesse antique qu'Homère
avait répandue dans ses chants. Il s'est rappelé que si Phidias avait élevé son Jupiter sur cette seule parole : « Sa chevelure s'agita sur sa tête immortelle, et l'Olympe trembla »,
il n'avait cependant communiqué à son œuvre la vie divine, que
parce qu'il y avait concentré tout ce que le génie des poètes
avait révélé de la grandeur des dieux. Ulysse n'a donc point été
pour lui ce personnage classique qui, parti de son pays pour le
siège de Troye, et assailli à son retour par la contrariété des
tempêtes, erra long-temps dans les aventures lointaines sans
pouvoir rejoindre sa famille et son royaume. Il s'est élevé audelà de cette prosaïque manière de lire l'histoire primitive des
héros de la Grèce ; et son intention, en nous retraçant au dix-neuvième siècle l'image du favori de Minerve, a été de livrer au domaine des yeux cette belle figure mythologique dont Vico et M. Ballanche ont commencé à nous soulever les voiles. Ulysse n'est
point un roi ; c'est le voyageur des temps antiques, qui, poussé
par la fatalité loin de sa demeure, visite les peuples, s'instruit
de leurs coutumes et de leurs religions, enseigne les nations les
unes aux autres, établit les premières connaissances de la géo-

graphie, et par sa prudence et son habileté devient le protégé de l'esprit de la sagesse. Éprouvé par les obstacles que lui suscitent les puissances élémentaires opposées à sa tranquillité, frappé par la guerre, par la tempête, par l'ingratitude, il ne se rebute point : son adresse et sa liberté lui suffiront. Au milieu du monde extérieur qui de toutes parts le presse et l'enserre, il sent en lui sa vie ; il a la faculté de démêler ses ennemis et de concevoir ses entreprises ; appuyé sur sa volonté et sur sa persévérance, il marche, et il atteindra le but que son esprit a posé devant lui. Jamais il ne désespère de lui-même, et jamais il ne blasphème contre les dieux ; il accepte le destin, mais à la condition de pouvoir lutter contre lui ; son regard s'enfonce dans les mystères de l'avenir, et sa prudence prépare les armes. En ce moment, retenu sur un rocher par les flots de l'Océan qu'il ne peut franchir, il n'est agité ni par la colère ni par l'imprécation; il s'est assis, et il pense. Il ne se résigne point aux ordres de Neptune, il songe au vieux Laërte et à sa chère Pénélope, au chemin qu'il faudrait suivre pour retourner dans Ithaque, aux traverses que dans sa rude carrière il a déjà surmontées par son courage, et il invoque Minerve, conseillère des hommes sages. La pose du héros a toute l'harmonie et toute la simplicité des modèles antiques ; ses membres sont dans le repos, mais leur repos est plein de vigueur et d'énergie ; la tête qui leur commande est animée par l'ardente pensée, et, aux traits du front et du visage, on dirait que dans la profondeur du marbre une cervelle cachée vibre et travaille. Le front est large, lumineux et bien rempli ; le regard attentif et réfléchi tout à la fois, comme celui du pilote qui interroge l'horizon et calcule ses voiles. La bouche nous paraît admirable, tant elle réunit en un seul contour d'expressions fines et délicates. La lèvre supérieure est forte et arquée par le côté ; la fierté et l'amertume qui se disputent dans l'âme semblent s'y épanouir, tandis que l'intrépidité et la résolution se marquent dans la manière ferme dont elle appuie sur la lèvre inférieure. Un vague nuage de tristesse enveloppe toute la face, mais nulle part il ne s'épaissit jusqu'à obscurcir et charger la pensée. La tête est légèrement portée en avant, et se détache hardiment des épaules. Le torse et surtout la poitrine, quoique immobiles et bien assis sur leur base, se ressentent du mouvement qui tient la tête éveillée : ils sont prêts à lui répondre, et l'haleine respire. Les grandes lignes ne sont point fléchies et distendues, comme dans le repos absolu; tous les plans sont parallèles et précis; et l'on sent qu'au moindre signe de la volonté tout ce grand corps sera debout. L'abandon se fait davantage sentir dans les membres extrêmes; les muscles bien nourris, suspendus à leurs attaches, dorment en paix; le bras droit tombe nonchalemment le long du corps, tandis que le bras gauche se relève sans fatigue pour se placer sur la cuisse; une des jambes s'affaisse en avant; l'autre, à demi relevée, est ramenée sur elle-même et supporte le bras; la chair est sèche, et à la vigueur des tendons et des jointures, il est aisé de reconnaître la jambe voyageuse. A l'exception d'une faible draperie jetée sur la cuisse gauche, et d'un simple tissu retenant les boucles épaisses de la chevelure, le corps est entièrement nu, et rien ne menace la liberté future de ses mouvemens; il est aux ordres de cette tête intelligente et superbe qui le maîtrise, et si l'on devine en lui la force qui exécutera les longs travaux de l'Odyssée, c'est dans la tête que l'on trouve le génie qui en sera le principe et le guide.

En traitant le sujet du Caïn maudit, M. Etex semble avoir été dominé principalement par le dessein de figurer sous cet emblème la grande idée de la doctrine juive et chrétienne sur le péché originel et la responsabilité des races envers leur auteur. Dans son groupe, l'ensemble de la famille est une pyramide dont le père forme à la fois le soutien et le sommet. La tête criminelle du père a été frappée par la vengeance céleste, et du même coup, retentissant jusque sur la tête innocente des nouveau-nés, toute la famille est cruellement tombée sur la terre. Caïn, la face inclinée sur la poitrine, et les épaules courbées sous le poids de la main redoutable qui s'est apesantie sur lui, est silencieusement assis sur une pierre aride. Sa femme, agenouillée et toute ployée, est à ses pieds; tournée vers le flanc de son époux, elle s'y appuie toute entière, et, effaçant en lui sa figure et ses larmes, elle semble ne faire avec le maudit qu'un seul corps. Entre leurs membres, et presque étouffé dans l'espace étroit qui les sépare, un enfant oublié cherche avec douleur à gravir jusqu'au sein de sa mère. De l'autre côté, un fils plus âgé est debout contre le père; mais, privé de force, il fléchit, et ne se soutient qu'en se collant à demi sur la poitrine paternelle. L'unité du groupe représente donc avec une admirable netteté pour le regard l'unité chrétienne de la famille; ce n'est qu'un seul être composé de membres multiples, étroitement enchaînés au même centre de vie. Quant à l'expression individuelle qui commande toutes les autres, celle de Caïn, on éprouve à la première vue une sorte de coup inattendu; et lorsque l'on cherche à se définir la cause de cet étonnement, on arrive à penser, s'il est permis de penser une telle chose, que l'idée de M. Étex a été plus religieuse, j'hésite à le dire, plus religieuse que celle de l'auteur de la Genèse. Il n'a point imaginé l'homme en révolte ouverte, et disputant contre Dieu; mais il a voulu nous montrer l'homme abandonné de Dieu, n'étant plus soutenu par en haut et retombant sur la terre comme une masse inerte. La face est lourde et stupide; il n'y a pas même un remords distinctement écrit sur ses traits: tout y est obscur et confus. Les muscles du corps sont amples et épais, mais il semble que la force ait cessé d'y circuler; les membres qui montrent encore la trace de l'ancienne vigueur sont devenus pesans et ont perdu toute grâce et toute noblesse. Les mains sont pendantes, la droite à demi fermée heurte disgracieusement par le revers contre le rocher; la gauche, également dépourvue d'intention, glisse le long des épaules de la femme, sans avoir la force de la presser et de la soutenir. C'est un condamné, mais un condamné sans blasphème, un réprouvé poussé dans le néant, et non point dans l'enfer, *à facie Domini absconditus,* suivant l'expression de l'Écriture. M. Etex a donc refusé de voir la terrible figure du premier verseur de sang telle que Moïse nous l'a montrée ; il en a fait quelque chose de moins féroce et de plus proche de la nature humaine (1). Le Caïn assis et prosterné n'est point celui qui, après avoir tué son frère, répond insolemment à Dieu qui l'interroge, tandis que la vapeur du sang fume encore dans l'haleine qu'il respire ; ce n'est point celui qui après la sentence est muet pour l'expression du repentir, et n'a de parole que pour demander la grâce de sa vie ; ce n'est enfin ni l'aïeul de ce Lamech qui continuait à laver dans le sang l'injure de sa race ; ni le funeste auteur de cette humanité impie et malfaisante que, suivant le récit de la Bible, le courroux du créateur étouffa sans pitié sous les eaux du déluge. C'est l'homme sans la grâce, l'homme replongé dans ce sommeil de l'âme où la conscience hébétée n'est plus maîtresse des perceptions lucides ; c'est le Caïn tel qu'il

---

(1) Le Seigneur dit à Caïn : Où est Abel ton frère ?

Et il répondit : Je ne sais pas ; suis-je donc le gardien de mon frère ?

Et le Seigneur lui dit : Qu'as-tu fait ? La voix du sang de ton frère crie de la terre jusqu'à moi. Tu seras donc maintenant maudit sur la terre,... tu seras fugitif et vagabond sur la terre.

Caïn répondit : Mon iniquité est donc trop grande pour obtenir le pardon ; voici que vous me jetez aujourd'hui hors de la face de la terre, et je serai fugitif et vagabond ; donc quiconque me trouvera, me tuera.

Et le Seigneur lui dit : Cela n'arrivera point... et il mit un signe sur Caïn afin que ceux qui le trouveraient ne le tuassent point.

..... Lamech dit à ses femmes Ada et Sella : entendez ma voix, femmes de Lamech ; écoutez mon discours : j'ai tué un homme l'ayant blessé ; j'ai tué un jeune homme du coup que je lui ai donné. Il y aura sept vengeances de la mort de Caïn, mais soixante-dix-sept de celle de Lamech.

(GENÈSE, chap. IV.)

doit apparaître lorsqu'on s'élève vers un Jéhovah plus grand que celui de Moïse et plus voisin du Dieu que la philosophie nous enseigne.

Au nombre des artistes qui ont compris que dans la pierre gît une voix, et que le ciseau de l'artiste peut la faire sonner comme une parole éloquente, on ne pourrait sans injustice oublier M. Préault. Bien que ses diverses études sur la mendicité ne soient guères que des ébauches, leur génie singulier ne s'en fait que plus vivement sentir. Il nous a donné, lui aussi, pour sujet de son tableau une famille infortunée, non point, comme M. Etex, celle du criminel délaissé par Dieu, mais celle du prolétaire délaissé par l'injustice. C'est le pauvre entouré de ses enfans, solitaire au milieu de la foule, et ne trouvant nulle part ces pieuses attaches de la charité qui unissent le misérable au reste des hommes. Sa large main est ouverte pour implorer les secours de la pitié; mais elle demeure vide, et la faim inexorable ronge les cavités de sa chair, tandis que les passans circulent autour de lui comme des fantômes : personne n'a l'office de l'empêcher de mourir. Une fille chétive, et comme déjà placée sur le seuil du néant, est assise sur les genoux du mendiant; son corps tout réduit ne fait plus qu'une trace sous les haillons qui le couvrent, et son âme, suspendue aux lèvres de son père, semble prête à partir dans le ciel. Au-dessous de sa sœur expirante, un enfant est à genoux sur le pavé; mais c'est une position d'habitude et sans intention; ses traits ont quelque chose d'idiot, et l'œil, qu'aucun sentiment ne remplit, tourne machinalement par le côté son regard indifférent et distrait. Une grande jeune fille, svelte par une hideuse maigreur, et usée comme tout le reste par la souffrance, est debout derrière son père, et complète le tableau. A la première vue de cette triste famille, le cœur se sent frappé et l'âme se trouve presque ébranlée dans son repos. Ce n'est point le vieillard qui vous tient avec son visage cadavérique, ses joues creuses, ses orbites rentrés, avec sa longue vie de travail et de misère : on comprend qu'il n'y a pas en lui une seule douleur qui retentisse pour lui-même, et que toute sa peine s'échappe de sa personne pour s'étendre à ces enfans placés autour de lui comme une auréole d'infortune. Ce sont ces enfans souffreteux, avec l'horreur de leurs membres sans nourriture et l'effroyable aspect de leur figure hébétée, qui éveillent les gémissemens du cœur et soulèvent l'inquiétude de l'âme; enfans enfermés dans le deuil dès le sein de leur mère, condamnés à ne voir la lumière du ciel qu'à travers les larmes de l'indigence, à vivre dénués de tout soutien, et à mourir dans leur fleur avortée, sans avoir fait le mal et sans avoir connu le bien. Mystère! mystère! Il y a dans cette scène, je n'hésite point à le dire, quelque chose de l'effroi qu'inspire l'enfer du Dante; mais ici le secret des peines demeure caché, et je demande qui nous lèvera le voile! Je vois bien cet homme, la victime fatale de la faim; c'est l'Ugolin prolétaire, muré avec sa famille dans la misère comme dans une tour; mais j'interroge en vain la terre pour savoir quel est le crime ou quelle sera la vengeance.

Un autre sentiment où la profondeur se retrouve et se joint encore à une délicatesse plus grande est celui que l'on voit empreint dans le caractère primitif de toutes ces figures. L'abrutissement s'est cruellement apesanti sur chacun de leurs traits, mais il n'en a point entièrement chassé toute la noblesse. La dignité de la nature humaine éclate au travers du masque obscur dont la dégradation l'a couverte; c'est comme le héros caché sous le manteau terne et usé, et se trahissant encore par la fierté intérieure de son geste voilé. En pesant ce qui est demeuré de sourde beauté sur les visages flétris de ces pauvres délaissés, on comprend que Dieu ne leur avait point refusé l'égalité de l'origine, et que l'injustice des hommes a causé tout le reste : pourquoi ces jeunes âmes sont-elles demeurées étrangères aux traditions sacrées de l'intelligence? pourquoi ces jeunes membres n'ont-ils point vu la chair gonfler leurs muscles à mesure qu'ils ont grandi?

c'est que le monde n'a pas mis plus de pitié sur leur berceau qu'il ne mettra de regret sur leur tombe. Ah! société sans entrailles, que la voix des enfans est éloquente quand elle pleure et qu'elle accuse!

L'impression que m'ont causée ces deux têtes de jeunes filles a été pour moi d'autant plus vive qu'elles ne m'étaient point, si je puis dire ainsi, totalement inconnues. Un jour, dans une de nos villes, je vis deux malheureux enfans qui ressemblaient à ceux-ci; leurs yeux coulaient de même sur leurs joues et rentraient dans le creux des orbites; leur face était froide comme ce plâtre, et leurs corps se perdaient dans les chiffons informes dont ils étaient vêtus; elles étaient sœurs, et venaient mendier à la porte des cafés; et, pour fixer la bienveillance et l'attention, elles s'essayaient, avec leur haleine mourante, à tirer quelques sons d'un vieux cor; le souffle gémissant de leur poitrine s'engouffrait à grand peine dans l'airain, et le faisait retentir d'une manière solennelle et lugubre. L'une d'elles était presque aveugle, et l'autre, dans l'âge où l'enfant aime encore à se pendre à la main de sa mère, menait sa sœur et priait. Puis, lorsqu'on avait ri de leur figure ou chassé leur musique, elles partaient obéissantes et sans se plaindre, et s'en allaient quêter ailleurs. Pauvres âmes sorties un instant de l'océan inconnu pour nager sous notre ciel, sans doute à cette heure que je vous adresse le souvenir de ma pitié, vous avez de nouveau plongé dans l'abime où nos yeux ne peuvent vous suivre, mais le fantôme de votre mémoire se dresse souvent en mon esprit, et je songe à ceux qui viennent à la vie et qui s'en retournent n'ayant point trouvé parmi nous le manger qu'il fallait pour y rester.

Dans un autre groupe de moindre dimension, M. Préault nous a représenté deux de ces vieilles mendiantes, de ces femmes en loques qu'on nomme des pauvresses, qui couchent dans la boue sur une poignée de paille et qui reçoivent parfois du public la charité d'un sou. L'une des deux est accroupie par terre, et se relève un peu sur l'appui de son bras gauche pour soutenir dans son giron l'autre vieille, qui semble plus malade et presque évanouie. Au reste, dans cette ébauche, l'artiste n'a guère indiqué que les traits principaux de sa pensée ; il n'y a d'intention marquée que sur une seule figure, et l'idée générale du sujet est bien loin de posséder la même transparence et la même profondeur que celle qui a donné naissance à la scène précédente.

On trouve encore du même artiste un Gilbert mourant ; mais ici l'idée cesse de produire tout son effet, précisément parce qu'elle est plus définie et plus précise : là où tout-à-l'heure je voyais l'infortune de tout un peuple, je ne vois plus maintenant que l'infortune d'un seul homme. Il y a souvent un grand art à montrer l'adversité, tout en cachant le caractère et le nom du malheureux qu'elle frappe ; on ne sait alors de lui que ses douleurs, et la compassion, qui se serait reposée et apaisée peut-être en se fixant sur une seule tête, vague toute inquiète dans la foule des hommes, et s'agrandit de tout l'espace du doute et de l'incertitude. D'ailleurs, ce n'est vraiment point en Gilbert que l'on peut, sans l'amoindrir, résumer l'affliction de la grande masse des pauvres : jeune homme aventureux et isolé, il n'était après tout responsable que de sa vie, et ne traînait dans sa destinée que lui seul. Ah ! bien des gens qui le plaignent n'envoient à sa mémoire la charité tardive de leurs regrets que parce que la poésie lui avait partagé quelques-uns de ses dons, et que le sort contraire est venu lui briser sa lyre ! Et que m'importent à moi les chants abandonnés de la muse, lorsque j'entends les gémissemens du peuple ! Chaque année, des milliers de prolétaires meurent ignorés sur le grabat de paille, laissant après eux des enfans dans la rue, comme on dit ; des enfans dans la rue ! et nul ne fait à ces pauvres le dédaigneux honneur de s'étonner de leur sort, comme si de telles abominations étaient parmi nous la condition naturelle des races sans privilèges. Qu'on me blâme si l'on veut, mais Gilbert repoussé n'a jamais été pour moi le symbole du peuple; je n'ai jamais vu dans sa vie que la déception des imprudens qui s'en vont à l'aristocratie pensant y recevoir en amitié l'intérêt de leur dévouement, et ne songeant point que c'est l'usage des seigneurs d'envoyer leurs gens malades se faire traiter à l'hôpital.

Je profiterai de ce que je me trouve ainsi peu à peu conduit par toutes ces réflexions jusqu'au voisinage du domaine politique, pour revenir en quelques mots sur le chapitre de M. Bra, à l'occasion de sa statue de Benjamin Constant. On en a moins parlé et plus critiqué qu'elle ne le méritait, et je crois qu'en général on s'est peu donné le soin de chercher à la comprendre. Les uns ont blâmé la façon de son gilet et de sa redingotte, et cela me semble la faute de la mode, bien plus que celle de Benjamin Constant ; les autres sa maigreur, ce qui est de Benjamin Constant bien plus que de M. Bra. J'avoue franchement que toutes ces querelles me paraissent bien vides et bien futiles. Je passerais encore que l'on discutât pour savoir s'il convient d'élever des statues à nos grands hommes ; mais je ne conçois pas, en vérité, que l'on examine sérieusement s'il faut les draper en Grecs et en Romains, et les léguer à la postérité cachés comme des momies dans les plis d'une étoffe. L'idée qui m'a frappé dans la statue de M. Bra est d'une nature bien supérieure à de pareils débats. Je n'y ai point trouvé une misérable question de costume; mais il m'a semblé voir, dans l'éloquente et austère tristesse de cette figure, l'adieu funèbre d'un homme qui, amené au terme de la vie, comme tant d'autres, par la perte des espérances qui animaient son courage, se redresse sur sa conscience en ce moment suprême, pour rendre loyalement témoignage de son illusion et de son désenchantement. Je me suis rappelé cette séance de la chambre où, trois mois après la courte apparition de la liberté populaire, il vint, tout voilé d'une mélancolie prophétique, et appuyant douloureusement sur la tribune son corps déjà faible et mourant, faire entendre les dernières déclarations de cette voix qui, quelques jours plus tard, devait rentrer dans l'éternel silence. Vêtu de ce costume semi-britannique qu'il aimait à porter, l'orateur est debout sur le seuil de la tribune ; sa tête pleine de noblesse et de sincérité, et comme placée hors des régions que la maladie peut léser, se lève avec hardiesse au-dessus de ses membres amaigris et affaissés ; le bras gauche, à demi ployé, découvre dignement toute la poitrine, et l'on dirait que la main, ouverte et tournée en dehors, achève de laisser échapper tout ce que renfermait la pensée ; la main droite est posée sur le rebord de la tribune, et l'orateur s'y consolide comme un guerrier mourant qui fait encore face en se soutenant sur le support de son char de bataille. La tête surtout, avec son caractère d'assurance et de franchise et l'imposante autorité de son front rehaussé, me paraissait empreinte d'une singulière grandeur ; mais ses traits ont pris une vertu toute nouvelle, et sont en quelque sorte rentrés dans ma mémoire sous le charme d'une toute autre inspiration, lorsqu'en ouvrant le livre posthume (1) que nous lisons aujourd'hui sur son tombeau, j'y ai vu ces touchantes et religieuses paroles :

« Les causes de nos douleurs sont nombreuses. L'autorité peut
» nous poursuivre, le mensonge nous calomnier. Les liens d'une
» société toute factice nous blessent. La destinée nous frappe dans
» ce que nous chérissons. La vieillesse s'avance vers nous, époque
» sombre et solennelle, où les objets s'obscurcissent et semblent
» se retirer, et où je ne sais quoi de froid et de terne se répand
» sur tout ce qui nous entoure..... Lorsque le monde nous aban-
» donne, nous formons une alliance au-delà du monde. Lors-
» que les hommes nous persécutent, nous nous créons un appel
» par-delà les hommes. Lorsque nous voyons s'évanouir nos il-

---

(1) *Du polythéisme romain considéré dans ses rapports avec la philosophie grecque et la religion chrétienne*, ouvrage posthume de Benjamin Constant. Paris 1833.

» lusions les plus chéries, la justice, la liberté, la patrie, nous
» nous flattons qu'il existe quelque part un être qui nous saura
» gré d'avoir été fidèles, malgré notre siècle, à la justice, à la
» liberté, à la patrie. »

Après un si pieux témoignage des derniers sentimens qui remplirent l'âme de ce grand publiciste, je me tais, ne voulant ni en affaiblir l'expression, ni me laisser entraîner en ce moment trop loin des idées qui conviennent à la nature bornée de cet article. D'ailleurs, ces pensées sont de celles dont j'aime à me distraire ; leur occupation est attristante ; et voici que mon imagination aperçoit au-devant d'elle M. Barye, qui vient à son aide avec ses spirituelles et consciencieuses études d'animaux de toutes sortes.

On se tromperait, à notre avis, considérablement, si l'on refusait de voir, dans la carrière originale que cet artiste s'est ouverte, quelque chose de plus profond et de plus philosophique que ce qui frappe au premier aperçu. On doit accorder, en effet, que c'est étendre l'empire de la sculpture que de soumettre à son ciseau des formes nouvelles. Son langage, réduit à n'employer que les seuls caractères tirés des diverses apparences du corps humain, n'a certainement point une portée aussi grande que celle de la parole ; car bien des pensées que nos esprits peuvent concevoir demeurent complètement en dehors de toute expression définie et corporelle. Lorsque les artistes de l'Egypte et de l'Inde ont voulu saisir des mystères qu'il ne nous est point donné de comprendre sous une figure matérielle, il leur a fallu, de toute nécessité, s'adresser à la représentation fantastique des géans et des monstres. Désormais sans doute, grâce à l'impérissable influence du christianisme, qui nous a appris à ne vouloir du ciel que ce qui s'accorde avec la terre, les artistes pourront nous parler des sentimens du ciel sans se perdre en dehors des sentimens de la terre ; les dieux humains, révélés par la piété de la Grèce, ont pour jamais banni de la demeure des temples les redoutables hiéroglyphes de la théologie orientale. Mais au-delà de l'humanité et de ses espérances, n'y a-t-il plus rien pour nous dans ce vaste univers? Je sais bien quelle est l'étendue du domaine des affections de notre âme; mais au milieu de cet espace infini des passions dont nous ne connaissons que le chapitre flottant à la surface de notre globe, n'y a-t-il donc que les passions de notre espèce que nous puissions aimer ou chercher à connaître? Notre intérêt n'a-t-il rien à démêler dans la foule si vivante et si variée des êtres qui partagent avec nous les élémens et les saisons de cette planète où nous voyageons de conserve? Parfois, au contraire, la poésie de nos rêves ne se plaît-elle pas à les accompagner dans la liberté de leurs bois et de leurs déserts, à s'empreindre des émotions que leur apporte l'agitation des ombrages et le souffle du printemps, à descendre dans le muet asile de leurs colères, de leurs jeux, de leurs amours? Et si notre imagination veut s'élancer au-delà de nous-même, n'a-t-elle point le droit de le faire, et de citer devant elle la création toute entière pour y choisir ses termes? Qui nous montrera les lions sous le ciel brûlant d'Afrique, les cerfs timides sous la verdure de nos arbres, ou les grands éléphans dans les roseaux d'Asie? Qui nous fera comprendre tant de pensées qui ont vécu silencieuses, et qui ne se sont livrées au monde que par l'expression d'un geste ou d'une forme? A quel art le privilége de nous associer ainsi au langage universel? à quel art, sinon à celui qui produit toutes choses avec l'harmonie la plus simple, qui définit l'idée en définissant le corps, et qui, pour transmettre à l'intelligence de tous les temps et de tous les hommes son immuable parole, emprunte, comme Prométhée, à la terre un fragment de ses rochers, et au soleil un rayon de sa flamme?

Dans l'antiquité, les artistes, et surtout les artistes égyptiens, se sont fréquemment appliqués à reproduire la figure des animaux; mais ils se sont, en général, renfermés dans la stricte imitation de leurs formes, sans chercher à mettre en relief aucun trait particulier de leur existence ou de leur caractère. Ces images sont la plupart immobiles et sévères comme les statues qui président aux tombeaux, et l'on dirait que les êtres qu'elles représentent n'ont pu revêtir la froide et impérissable enveloppe du granit ou du marbre qu'en renonçant pour toujours aux ébats et aux caprices de leur vie sous le soleil. Certes il y aurait de l'injustice ou de l'ingratitude à envelopper sans distinction dans un tel blâme la Grèce toute entière ; le délicat esprit d'observation qui avait pénétré si avant dans l'étude de l'homme n'a pas toujours glissé avec indifférence sur la première surface des autres êtres ; et je me plais ici à relever, en passant, dans mon souvenir, ce beau modèle du sanglier antique, personnification si poétique et si vraie de la vie brutale et sauvage des forêts, et dont le seul aspect ramène confusément dans l'âme les émotions habituelles de la solitude des bois. Mais il est bien vrai, néanmoins, que, dans les rangs de ce qu'on pourrait nommer la statuaire zoographique, il restait, pour la peinture des habitudes et des mœurs, une place toute spéciale, et que M. Barye a eu l'heureux génie de savoir la découvrir et s'y placer en maître. Ce n'est plus, chez lui, une sèche description de l'apparence extérieure des animaux, c'est un tableau réfléchi de leur instinct et de leur caractère ; c'est de l'histoire naturelle comme Buffon, et non point comme Daubenton. J'irais même, ce me semble, jusqu'à dire que son plus grand mérite consiste moins encore dans son talent d'exécution que dans sa manière d'aimer les animaux : il suit leurs jeux, descend dans leur intelligence, s'identifie, en quelque sorte, avec leurs sourdes agitations ; puis alors, armé du ciseau créateur, il vient à son œuvre, résume ce qu'il a vu, raconte avec l'argile, et met de l'intérêt sur chaque nerf et sur chaque saillie. Sa statue principale est celle d'un lion surpris par un serpent. Il serait impossible de rendre avec des paroles précises toute la foule des sentimens qui bouillonnent dans le sein de l'animal blessé, et qui viennent s'étaler sur les rides frémissantes de sa figure : la langue des hommes n'est point celle des lions ; ici la statuaire est seule toute-puissante ; elle se joue en liberté là où notre style demeure arrêté par les barrières, et se prenant corps à corps avec le génie féroce du muet habitant du désert, elle nous traduit en signes éclatants tout ce qu'il renferme de confuses passions et de souffrances. La fureur, l'effroi, le désir de la vengeance, l'horreur du reptile, la douleur et le courage, tout cela, et mille choses encore, se trouve peint, amassé, nuancé, d'une merveilleuse façon qu'on ne saurait dire, dans le maintien général du corps, les plis de la face, dans le front, dans le museau, dans le regard. Il serait plus facile de parler du Laocoon ; il n'y a rien en lui qui ne soit humain, tandis qu'ici rien ne l'est. Il est bien remarquable, au surplus, de voir le peuple, ce juge intègre et naïf de toutes choses, ce peuple familier dès son enfance avec la figure des lions affichée à tous ses édifices, à l'entrée de tous ses jardins, s'arrêter en foule devant celui-ci comme devant une image toute nouvelle pour lui : il avait vu les autres graves et monumentaux ; celui-ci est vivant, il le voit, il le regarde, il l'admire. Le suffrage du sens commun, ce suffrage si respecté dans la Grèce, n'a pas fait défaut un seul jour à M. Barye. Que cette gloire lui suffise, et qu'elle soit sa récompense !

Après le lion vient un groupe de moindre dimension représentant un cerf abattu par deux grands lévriers. L'animal, renversé sur le flanc, se débat contre ses vigoureux vainqueurs ; l'effort des reins, et surtout les coups que jettent les deux jambes levées en l'air, manifestent une excessive impatience, tandis que la tête, se redressant avec un dernier reste d'énergie, exprime un singulier mélange de désespoir et de fierté : c'est la douleur se partageant entre la colère et les gémissemens. Cette scène de meurtre dans le fond des bois est pleine d'un charme tout poétique ; et je demeurerais bien volontiers à la louer encore, si je n'avais la crainte de devenir trop long. J'achèverai donc l'article de M. Barye, en indiquant, mais seulement pour en montrer la variété par la nomenclature, quelques uns des autres sujets de même nature, toujours traités avec le même esprit et le même bonheur : un éléphant d'Asie en liberté, marchant pesamment parmi les grandes herbes; une gazelle morte, couchée sur le côté et les jambes ployées, précieuse et délicate figure; un cheval sauvage égorgé par un lion; et enfin, pour terminer, de petites statuettes d'ours de toutes façons et de tous pays, études dont l'origine se trahit, et devant lesquelles le public du dimanche se récrie joyeusement à chaque fois, retrouvant tout surpris les portraits en miniature de ses vieilles connaissances de la fosse à Martin.

Voilà à peu près tout ce que je m'étais proposé de dire à l'égard de la première division que j'ai cherché à établir en commençant cet article. Je ne puis m'empêcher cependant d'y joindre encore, et comme pour servir de passage à l'art grec, ces deux délicieuses figures d'enfans qui ont reçu tant d'honneurs, et qui, pour la grâce et pour le naturel, sont restées sans rivales. Toutes deux descendent d'une même inspiration, née en deux âmes d'artistes sous le soleil napolitain; toutes deux sont l'emblème de cette vie fortunée, nourrie de chaleur et de lumière entre l'azur du ciel et l'azur de la mer, insouciante et folâtre comme celle des alcyons du rivage, de cette vie toujours souriante que l'instinct enivre de liberté et que la réflexion ne maîtrise jamais. Le jeune Pêcheur de M. Rude est assis sur la grève parmi des filets; il joue avec une petite tortue, qu'il tourmente avec un bout de roseau qu'il lui a glissé sous la tête comme un licou; l'animal fait de vains efforts pour s'échapper, et l'enfant, tout entier à son plaisir, rit de l'embarras et de la détresse de son pauvre captif. Le pêcheur de M. Duret semble l'aîné de celui-ci; déjà une légère moustache se dessine sur sa lèvre, et déjà dans tous les membres on commence à sentir l'adolescence. Il est debout sur le soutien d'un seul pied, et danse une de ces danses du midi où tout le corps est convié, où tout le corps s'anime, où les bras, la poitrine, la bouche, les regards, tout s'éveille et s'agite de compagnie. Il y a dans celui-ci bien plus de mouvement et de feu que dans l'autre; mais dans l'autre, bien plus de grâce et d'abandon : on sent que l'un des deux sait qu'on le regarde, et que l'autre ne regarde que son jouet. Je termine ceci en ajoutant deux mots sur une petite statue de M. Jaley. C'est la Prière, sentiment éternel comme la joie, comme la tristesse! Elle est exprimée par une jeune fille, à genoux, demi-nue, les yeux dans le ciel, et les mains jointes sur la poitrine avec une exquise piété; toute pensée s'élève vers Dieu, et l'on dirait deviner l'âme elle-même dans la passion céleste qui couvre le visage.

Me voici donc enfin à l'art mythologique, et, au peu d'intérêt qu'il m'inspire, je sens par avance que je serai fort court. Sans doute il est doux et distrayant quelquefois de se transporter en sentiment et en rêverie au milieu de ces élégantes campagnes de la Grèce antique, toutes peuplées de nymphes et de demi-dieux. Notre enfance a été bercée sous ces images comme elle l'a été sous celles des anges, et nous nous plaisons à tous ses souvenirs. Mais quand je veux la figure des héros, j'ouvre Homère et non point Télémaque; quand je veux fuir dans les retraites du passé, j'invoque Horace ou Pindare; je bénis avec reconnaissance l'enivrante puissance de leurs muses, et je ne vais point chercher cette troupe des imitateurs et traducteurs en vers, car je hais toute cette littérature à la chaîne qui briserait volontiers les ailes du génie pour le tenir à sa hauteur et marcher ensuite glorieusement avec lui pair à pair. Dans la sculpture de seconde main aussi bien que dans la poésie, c'est toujours la même contrefaçon, la même impiété, toujours de pesans masques de terre sur des fantômes aériens. Là c'est un homme qui me fait Diane, Diane la reine des bois! et qui ne sait même pas ce qu'était la dernière de ses suivantes; un autre, Nausicaa, fille d'Alcinoüs, et qui ne connait rien de Nausicaa, sinon qu'elle était fille d'Alcinoüs; là c'est Narcisse regardant son image, et dans une eau si trouble qu'on ne voit pas même dans ses yeux un reflet amoureux de cette onde adorée; ailleurs Ulysse déguisé en mendiant, et si bien que Minerve elle-même s'y tromperait et le prendrait pour Irus; plus loin une Vénus d'atelier, des nymphes et autres coryphées du cortège Olympique; jusqu'à Nessus qui, atteint par la flèche, et renversant son torse d'homme sur son torse de cheval, pense, avec la figure de ses convulsions, captiver le public et le forcer à partager sa peine! et qu'est-ce que le centaure Nessus, je le demande? un monstre permis tout au plus à des barbares ou à des Grecs étrangers à la science des corps, un monstre à deux poitrines et à deux intestins, un monstre qui n'est ni fantastique ni réel, si absurde et si impossible enfin qu'il ferait rire un enfant sur les bancs de l'école; et c'est avec un pareil sujet qu'un artiste intelligent vient sérieusement tenter notre intérêt et chercher à éveiller la pitié de notre âme! Eh! la science a tué les centaures comme elle a tué les anges du moyen âge. Laissez flotter dans les nuages lointains ces fantaisies du génie peu sérieux de nos pères, mais ne les forcez point à se pétrifier devant nous dans vos lourdes copies. En vérité, je crois que je deviens l'ennemi des anges chaque fois que je les vois arrêtés sur le marbre! Qu'est-ce donc, statuaire, que ces membres sans muscles et sans attaches et confusément posés l'un sur l'autre? Ne vous souvient-il pas du sort trop mérité d'Icare dont les ailes n'étaient soudées qu'avec un peu de cire? Montrez-nous, si vous l'osez, la forme d'une poitrine humaine qui porterait des ailes; et si cette idée vous fait peur, comprenez donc qu'il faut aujourd'hui renoncer à tout ce céleste mensonge de vos séraphins et de vos paradis. Puisez dans la nature, choisissez ses beautés, et embellissez encore; mais ne tronquez pas, ne faussez pas. Songez surtout que la puissance de création n'est qu'à Dieu. Vous pouvez dans vos caprices inventer et cimenter de monstrueux amalgames de toutes sortes, mais votre conception est trop faible pour arriver jamais à toucher à l'unité d'un seul être nouveau. Je n'aime pas, je l'avoue, que l'on soit de l'esprit du passé plutôt que de l'esprit de son temps; je n'aime pas que l'on affecte de se tenir à des pensées pour lesquelles il n'y a plus d'écho dans nos âmes. Mais cette opinion, pour être bien formelle, n'est cependant point emportée, et ne me rend ni intolérant ni injuste. Le talent, même lorsqu'il dévie de nos idées, a droit à notre ménagement et à notre respect; sa noblesse ne se perd jamais; il s'égare et ne descend pas. Qu'il me soit donc permis, même dans cette galerie où je porte anathème contre les dieux déchus, d'adresser à l'élite de leurs adorateurs la louange méritée. Je les admire, tout en regrettant de ne pas voir leur génie occupé à servir une cause meilleure; je sais honorer l'homme dans sa religion, lors même que je réprouve la cellule et les fers que sa dévotion lui impose.

Quant à l'article des médaillons et des bustes, je tacherai, s'il est possible, d'être encore plus concis. Ce n'est pas que la collection n'en soit fort nombreuse; mais en fait d'art, grâce à Dieu, l'esprit mesure et ne compte pas. La même fatalité qui a noyé la peinture dans un déluge de portraits et de petits tableaux a pensé causer en sculpture un débordement tout semblable. Par bonheur cela ne s'est point fait entièrement. L'orgueilleuse raideur de la sculpture l'a sauvée : elle n'a point su se plier aux exigences du divertissement domestique et de la décoration des salons et des antichambres; et jusqu'ici l'effigie de ses patrons a formé le niveau de son plus grand abaissement. Il est heureux que le marbre ne soit point susceptible de devenir une mode familière aux boutiques; il est à la fois trop coûteux et trop pâle. Aussi dans l'assemblée du Musée est-on surpris au premier abord en s'apercevant que la bourgeoisie n'y est point représentée par sa majorité habituelle; les plâtres de camarades et d'artistes dominent tout le reste. On dirait que les acteurs surtout ont affecté de se donner rendez-vous tous ensemble, et ce n'est pas une chose médiocrement plaisante que de voir nos tragédiens dans la majesté de leur silence et nos faiseurs de charges dans leur gravité monumentale. Quelques dames, des savans, des gens de lettres achèvent le cercle, et la compagnie, quoique peu fournie de gens à patrimoine, n'en est pas cependant de plus mauvaise façon. J'ai bien cru à la vérité reconnaître, dans la foule des anonymes du livret, quelques-uns de nos représentans les mieux choisis, cachant leur dignité sous le voile de leur visage ; mais j'avoue franchement que je n'ai pas l'honneur de connaître ces messieurs d'assez près pour me faire à leur égard une opinion bien sûre. Il est une figure qui, mieux que toute autre, aurait pu former l'emblême de notre aristocratie nationale ; c'est celle du roi. Mais il semble qu'aucun sculpteur n'ait su la comprendre ; les uns en ont fait un Vitellius et les autres un Pompée, et pas un n'en a fait un bourgeois ; pas un n'a su rendre l'ironique petitesse de ces yeux où Lavater aurait sans peine deviné dès l'abord toutes les métamorphoses de la monarchie populaire ; ni cette bonhomie toute marquée des empreintes ridées de la méditation astucieuse, ni cette étroitesse du front, ni cette tenacité ; j'aurais voulu que le ciseau me résumât d'un seul trait ce politique habile qui, sorti d'un soulèvement et perdu d'abord au milieu des accolades prolétaires et des chants séditieux, en est venu à pouvoir dire avec orgueil devant le parlement assemblé : « La France et moi ». L'artiste lui a mis une couronne ; mais je voulais voir le Prince, et je n'ai vu qu'un roi.

Le seul essai tenté pour exprimer quelque chose de la France dans le langage de la statuaire poétique est celui qui a été fait, sur la commande du ministère du commerce et des travaux publics, pour orner le haut de l'arc de l'Étoile. Ce sont les statues des principales villes de nos provinces ; mais on comprend qu'elles en portent le nom et leur sont consacrées, plutôt qu'elles ne les représentent réellement : il serait bien difficile de définir exactement une ville, plus difficile encore de lui assigner son symbole et sa forme. Aussi la plupart de ces villes sont-elles réduites, pour se faire connaître, à s'appuyer sur un écusson portant le relief de leur blason : c'est l'étiquette de leur nom écrite tout simplement en caractères héraldiques; et c'était là vraiment le moyen le plus direct et le plus naturel de sortir d'embarras. Au reste, en parlant de ces statues, il ne faut perdre de vue ni le point qu'elles occuperont, ni celui d'où elle devront apparaître. Le piédestal qu'elles surmontent n'est pas d'une médiocre hauteur, et, vues du milieu des Tuileries ou des Champs-Elysées, elles ne seront guère pour les regards que de grandes ombres; la poésie sera dans leur ensemble et leur séjour aérien, et non dans chacune d'elles mise à terre et séparée de ses sœurs. Chose merveilleuse, en effet, et pleine de grandeur, que de les voir ainsi, vers le soir, se dressant, comme une couronne de danse, au-dessus de la verdure des grands arbres, se détachant en silhouettes agrandies sur le ciel du couchant, légères avec leurs robes flottantes, et à demi effacées, dans les vapeurs rutilantes qui se lèvent de terre. La France en chœur au sommet du monument de ses victoires; cela vaut bien l'effigie d'un grand homme. Que cet arc triomphal s'achève donc ! nos pères, en vérité, n'ont pas été si longs à le payer que nous à le construire.

Je pense que je puis m'arrêter ici, et me regarder comme honnêtement parvenu au terme de la tâche que je m'étais proposé de remplir. Pauvre critique peu formé à l'analyse et à la remontrance, j'ai parlé de bien des choses et bien peu critiqué; mais j'avais déclaré, dès le début, que je voulais ici, simple greffier d'un compte rendu, me tenir loin de toute passion dans le juste intervalle qui sépare le blâme et la louange. On me comparera peut-être à ce paysan qu'Ésope conduisit à la table de Xanthus. Qu'importe! j'ai toujours admiré cet aimable convive, philosophe commode qui, sauf sa femme, je crois, trouvait excellentes toutes choses. Seulement, après avoir, si l'on veut, assisté au Musée avec l'impassibilité que cet homme montrait à son festin, je demanderai qu'il me soit maintenant permis d'aller un peu plus loin, et de faire comme Ésope, qui à toute histoire trouvait toujours sa conclusion. Il résultera, premièrement, de ce que montre l'exemple des principales statues, que les idées de notre époque commencent à s'accorder avec l'art véritable, et que la philosophie moderne peut aussi fournir sa part aux inspirations créatrices. Cette même raison témoignera encore contre les dires déclamatoires de ces gens qui prétendent que l'art ne saurait renaître que le jour où une conception religieuse nouvelle sera venue, comme s'ils s'attendaient que demain une conception religieuse nouvelle leur tombera du ciel ou des étoiles, toute façonnée et toute prête. Quant au petit nombre d'œuvres portant l'empreinte d'une pensée, et ici j'appelle la peinture à se joindre à la statuaire, c'est un mal qui nous enseigne que la partie de la société sous les ordres de laquelle sont placés les travaux des artistes est d'une nature qui se tient plus volontiers vers les petites choses que vers les grandes. C'est à l'aristocratie qui nous domine qu'il faut demander compte de la décadence des beaux-arts, et ce n'est point la nullité du siècle qu'il faut en accuser. Que les grands maîtres s'éveillent, où donc rencontreront-ils parmi nous les soutiens et les récompenses? Que les merveilles naissent dans l'atelier, où donc rencontreront-elles, pour en sortir, l'éclatante hospitalité qu'il leur faut? Hélas! j'ai souvent pensé qu'il doit être, pour un artiste, bien amer de songer que la création qu'il produit avec tant de joies et de fatigues sera un jour marchandée comme un meuble pour aller décorer le salon de quelque bourgeois enrichi, et supporter sans défense l'affront de la sotte critique ou de la sotte admiration plus dure encore; car sa création, c'est une partie de son âme, c'est son enfant, c'est lui-même! et c'est là ce qu'on achètera, ce qu'on paiera, ce qu'on prendra pour amuser la curiosité de quelques commensaux hébétés qui s'amusent à regarder aux murailles ! Ah ! si j'étais sculpteur, j'aimerais encore mieux leur faire leurs figures que de leur prostituer celles des dieux et des grands hommes. Servitude indigne ! Mais c'est l'esclave placé devant sa fille, pauvre vierge née sans place dans le monde, et qui sera vendue dans sa fleur pour aller s'ensevelir et s'éteindre dans l'impur harem de quelque maître dédaigneux et brutal ! Et lors même que les nobles protecteurs des beaux-arts consentiraient à seconder de leur approbation le mouvement du génie (1), où trouveraient-ils donc, dans leur volonté bienveillante, ce qui allume chez les hommes l'enthousiasme et l'inspiration des grandes choses? Qu'il y a donc d'honneur pour un artiste à se voir traité avec distinction par une personne d'un fort revenu, et combien le suffrage d'un gros propriétaire doit lui sembler flatteur et lui causer d'orgueil ! Mais le génie ne relève que de la patrie, et son autorité est la seule à laquelle il puisse consentir sans déroger et sans déchoir; il n'y a que le jugement commun qui soit assez noble pour monter jusqu'à lui. Et que pourrait donc représenter à ses yeux une aristocratie superbe dont la noblesse se débite en monnaie de deux sous, et dont on partage les titres à ses valets en leur payant leurs gages? O gloires du génie, qui établissez l'empire des nations sur les nations rivales, et qui donnez aux peuples une puissance plus durable et plus sûre que celle de la conquête ou de l'industrie, en quelles mains notre France a-t-elle donc remis le soin de votre garde et de votre prospérité ! Ne suffit-il pas de gémir quelque temps avec vous sur votre délaissement et votre humiliation pour se relever ensuite plus confiant dans la fortune de notre race, et plus décidé dans l'ambition d'un meilleur avenir? Les sociétés ne sont pas

---

(1) « Je verrais avec plaisir un mouvement intellectuel s'établir en France. » (Lettre de divers grands seigneurs à M. Bohain, EUROPE LITTÉRAIRE, *Prospectus*.)

à ceux dont la richesse est toute la qualité, et l'égoïsme toute la force. Aristocratie assise sur la poussière, sachez donc que le monde n'a de fondement que dans l'intelligence et la vertu, et que la poussière, pour être d'or, n'en est pas moins de la poussière. Le spectacle de nos détresses sociales entretient dans nos âmes le courage et la conviction tranquille, et les amis de l'humanité ont appris à connaître pour leur premier devoir, non pas la résignation, mais l'espérance.

Jean Reynaud.

(*Extrait de la* Revue encyclopédique, 1833.)

Imprimerie de LACHEVARDIÈRE, rue du Colombier, n° 30.

www.ingramcontent.com/pod-product-compliance
Lightning Source LLC
Chambersburg PA
CBHW030107230526
45471CB00003B/1299